AF224444

L'EMPIRE

DEVANT

L'OPINION PUBLIQUE

PARIS

AMYOT, LIBRAIRE-ÉDITEUR

8, rue de la Paix

—

1872

L'EMPIRE

DEVANT

L'OPINION PUBLIQUE

25 janvier 1872.

Mon cher ami,

Il y a bien longtemps que je ne vous ai écrit; mais que vous aurais-je dit? L'Assemblée, après le vote par lequel elle s'était déclarée Constituante, avait pris ses vacances et il fallait attendre son retour pour apprécier l'usage qu'elle ferait de son nouveau mandat. Près de deux mois se sont écoulés depuis cette époque et nous ne sommes pas plus avancés aujourd'hui que nous ne l'étions au 8 février, que nous ne le serons peut-être demain.

L'incertitude de l'avenir, des craintes fondées ou irréfléchies entretiennent les appréhensions, paralysent la confiance, entravent la reprise complète des affaires et nuisent ainsi au développement d'une prosperité qui nous serait pourtant si indispensable pour payer les dettes de la guerre étrangère, cicatriser les plaies de la guerre civile, relever, en un mot, les forces morales et physiques de notre malheureux pays. Nous traversons une longue crise dont les phases diverses nous affaiblissent lentement sans que jamais aucun des phénomènes qui se sont produits en sens contraire nous aient fait faire un pas de plus vers la guérison, nous aient rapprochés du but à atteindre : L'établissement d'un pouvoir définitif.

Ne sont-ce pas, en effet, des questions qui passionnent et divisent que ces questions qui, occupent journellement l'Assemblée, tels que l'incident Ranc, l'entrée du Prince de Joinville et du Duc d'Aumale à la Chambre, la proposition pour le retour à Paris, la question de l'amnistie, le projet de loi pour la restitution des biens ayant appartenu à la famille d'Orléans et cela au moment même où l'État pour faire face aux exigences de son budget est obligé de créer de nouveaux impôts.

Le temps se passe en discussions stériles et irritantes, en stratégie parlementaire plus ou moins habile, plus ou moins loyale. Et le pays, effrayé de la route que l'on suit, fatigué d'une situation qui loin de s'éclairer s'obscurcit presqu'à chaque pas, lassé d'attendre une solution qui semble reculer toujours, commence à désespérer de l'avenir et à croire à l'inutilité des efforts que les honnêtes gens pourraient tenter. Les nombreuses abstentions du dernier scrutin sont une preuve évidente des sentiments du peuple.

La majorité des électeurs se défie aujourd'hui des votes qu'on lui demande parcequ'elle n'aperçoit pas un but déterminé et précis, parcequ'elle est frappée de certaines contradictions étranges entre les actes et les paroles. Elle ne comprendra jamais comment une assemblée a pu mettre sept mois à reconnaître qu'elle était constituante. Elle ne comprendra jamais comment une Chambre, dans laquelle les partisans de la monarchie sont en majorité, a pu décerner à Monsieur Thiers le titre de Président de la République française. Elle ne comprendra jamais comment, dans un même département, la masse électorale tout entière ayant été convoquée plusieurs fois et s'étant prononcée dans un sens différent, les premiers élus restent encore en fonctions.

« Nous ne comprenons plus rien à la politique pour le moment, répondait l'autre jour un électeur à un candidat qui venait solliciter son suffrage ; plus nous votons, moins nous voyons où nous allons. Aussi ne vous étonnez pas si nous nous abstenons. Mais le jour où une question nette et décisive nous sera posée. le jour où on nous demandera de choisir un gouvernement, ce jour là nous irons tous voter, soyez-en certain. »

Le suffrage universel n'est plus un enfant, depuis vingt années qu'il exerce ses droits. A de très rares exceptions il sait ce qu'il veut, et il vient d'en donner une nouvelle preuve dans les élections du 7 janvier. Son vote veut dire intention bien formelle de ne pas souffrir que l'on constitue sans lui un gouvernement définitif. Quoi de plus naturel ? En dehors du droit divin impuissant à nous donner aujourd'hui des institutions durables, le droit populaire seul reste comme le dogme politique d'une société organisée sur des bases aussi démocratiques que la nôtre, et seul il peut, par l'appel au peuple, consacrer un pouvoir présentant des garanties de stabilité.

C'est ce droit dont on semblait vouloir les priver, que les électeurs ont énergiquement revendiqué lors des derniers scrutins. On ne peut pas plus dire que la France est républicaine, qu'on n'est fondé à prétendre qu'elle est légitimiste. Elle est et veut rester la France du suffrage universel, c'est-à-dire le pays où tout citoyen légalement consulté, sans priviléges, sans exclusions, sans distinction de caste ni de fortune, dépose son vote dans l'urne et se soumet aux volontés de la majorité.

La nation se rappelle qu'elle a quatre fois acclamé l'Empire par ses votes enthousiastes, et elle sait qu'il ne suffit pas d'une émeute triomphante comme celle de septembre pour effacer l'expression de la volonté nationale, quatre fois manifestée d'une manière si éclatante. Elle est convaincue, en un mot, que, pour qu'un autre pouvoir soit légalement et définitivement substitué au pouvoir qu'elle avait ainsi choisi, il faut qu'il reçoive la consécration du peuple assemblé dans ses comices.

M. Thiers lui même paraît depuis longtemps converti à cette idée, puisque déjà devant le Corps législatif de l'Empire, dans son fameux discours sur les libertés nécessaires, il prononça ces paroles mémorables :

« Je suis né, j'ai vécu dans cette école dite de 89, » QUI CROIT QUE LA FRANCE A LE DROIT DE DISPOSER DE SES « DESTINÉES ET DE CHOISIR LE GOUVERNEMENT QUI LUI CONVIENT.

» Je pense qu'elle ne doit user de sa souveraineté que
» très rarement, et même que mieux vaudrait qu'elle
» n'en usât jamais, s'il était possible ; MAIS QUAND
» ELLE A PRONONCÉ, LE DROIT Y EST.

» Je pense que c'est manquer et à la loi et au bon
» sens que de chercher à substituer ses vues particu-
» lières à sa volonté clairement exprimée. »

Ces paroles sont l'aveu formel que ce qu'un plébiscite
a établi ne peut être renversé que par un autre plébiscite, et dans son programme de Bordeaux, il a exposé
la même théorie lorsqu'il a solennellement déclaré que,
le moment venu, il FALLAIT RENDRE LA NATION A ELLE-MÊME
POUR QU'ELLE PUT DÉCIDER COMMENT ELLE VOULAIT VIVRE.

Il est facile de constater, d'ailleurs, combien, depuis
quelques mois, l'idée de l'appel au peuple a gagné
chaque jour du terrain. Pendant longtemps les Bonapar-
tistes, qui n'ont jamais cessé de revendiquer hautement
ce principe, ont été les seuls à le défendre. Mais aujour-
d'hui il trouve dans chaque parti des adhérents et des
défenseurs. C'est là, en effet, le seul moyen de mettre
fin, s'il est possible, à des rivalités et à des haines qui
nous épuisent, car le gouvernement ainsi nommé, ayant
pour lui la majorité des citoyens, trouvera dans l'inves-
titure populaire une force plus grande pour résister aux
menées et aux attaques des minorités turbulentes et
factieuses.

Pourtant il est encore des gens qui, redoutant une
solution contraire à leurs idées, dominés par l'esprit de
parti, rejettent l'appel au peuple dans la crainte que

l'Empire n'en sorte de nouveau, sacrifiant ainsi à leurs rancunes ou à leurs espérances les intérêts vrais du pays. Mais ils ne réfléchissent pas, ceux qui agissent de la sorte, qu'une semblable conduite sert mieux la cause bonapartiste que ne le pourraient faire ses plus ardents défenseurs. Le bon sens public, en présence de ces attaques persistantes et passionnées, se demande ce qu'a fait l'Empire pour les mériter. Il regarde dans le passé, il dresse en quelque sorte le bilan de ce règne de 18 années, dont les principaux événements reviennent bien vite à la mémoire et cette étude rétrospective retracé à l'esprit de ceux qui avaient pu les oublier, les réformes et les progrès accomplis par le gouvernement de l'Empereur.

Chacun constate alors tout ce que Napoléon III a fait pour l'amélioration matérielle, morale et intellectuelle du pays. En rétablissant et en assurant l'ordre, l'Empire permit au commerce et à l'industrie de se développer et de prospérer. L'impulsion qu'il donna aux travaux publics, la multiplicité des voies de communication, l'extension du réseau ferré, la création de nouveaux bureaux de poste et de nouvelles stations télégraphiques, rendirent les transactions plus rapides et moins coûteuses.

Le nombre des chaudières employées par l'industrie française était en 1851 de 10,384. Il était en 1866 de 51,190. Pendant cette période, la valeur des importations s'est élevée de 2,028,400,000 francs et celle des exportations de 2,635,400,000 francs. La longueur des routes impériales à l'état d'entretien a été augmentée de 7,340 kilomètres, celle des routes départementales de 6,180 kilomètres et celle des chemins vicinaux de grande communication de 26,846 kilomètres. Quant aux chemins de fer, la longueur des différents réseaux qui, en 1851, n'était que de 3,546 kilomètres, a été portée à 16,260 kilomètres. 1,486 stations télégraphiques et 1,410 nouveaux bureaux de poste ont été créés. On comptait en 1851, 9,551 kilomètres de rivières classées et 4,902 kilomètres de canaux, en 1868, 9,623 kilomètres de rivières et 5,077 kilomètres de canaux.

Grâce à la féconde impulsion du gouvernement de l'Empereur tous ces grands travaux ont pu être accomplis et ont eu pour résultat une augmentation considérable dans la production agricole, vinicole, houillère, métallurgique et sucrière (1).

Sans se rappeler tous ces chiffres et sans entrer dans les détails, l'agriculteur, le commerçant, l'industriel constatent que ce prodigieux élan imprimé par l'Empire avait porté ses fruits et augmenté dans une notable proportion la richesse réelle du pays. Ils reconnaissent aussi que, non content de ces améliorations matérielles, le gouvernement impérial, dans sa constante sollicitude, a voulu autant que possible élever le niveau intellectuel;

(1) La superficie cultivée du pays a été portée en 10 ans, de 1851 à 1862, de 33,452,649 hectares à 33,910,676. — De 1852 à 1866 la production des vins s'est élevée de 28 millions à 63 millions d'hectolitres, la production de la houille s'est élevée de 44 à 122 millions de quintaux, la production de l'industrie métallurgique, de 8,500,000 à plus de 25,000,000 de quintaux, la production des betteraves de 32 à 44 millions de quintaux.

convaincu qu'il était que le développement de l'instruction est une des sources les plus fécondes de la prospérité
publique. Pendant ce règne de 18 ans, plus de 10,000
nouvelles écoles ont été créées, plus de 28,000 cours
d'adultes ont été ouverts, 12,000 bibliothèques ont été
organisées.

L'Empereur qui avait cherché par *la loi de 1867* les
moyens d'étendre **LA GRATUITÉ DE L'INSTRUCTION**
améliorait en même temps le sort de ceux qui se
vouent à l'enseignement. La moyenne du traitement des
instituteurs avait été portée de 500 à 800 francs. Enfin
le nombre des salles d'asile placées sous le patronage
de l'Impératrice avait plus que doublé et ces établissements, qui ne recevaient en 1850 que 156,841 enfants,
en recevaient en 1866 plus de 430,000. Ces efforts
constants, ces réformes utiles étaient couronnés de
succès puisqu'en 1850 on comptait 36 pour cent de
conscrits ne sachant ni lire, ni écrire et qu'en 1868 on
n'en comptait plus que 21 pour cent. (1)

Le gouvernement de l'Empereur a fait plus encore.
Il n'a pas voulu borner ses efforts à l'amélioration de la
situation matérielle du pays, à la diffusion de l'enseignement, il a voulu en même temps élever le niveau moral

---

(1) Des améliorations considérables furent aussi réalisées dans
l'enseignement secondaire et dans l'enseignement supérieur. Une
importance plus grande a été donnée dans les Lycées à l'enseignement des sciences, de la gymnastique et des langues vivantes.
La loi de 1865 a organisé l'enseignement spécial. Deux nouvelles
facultés de droit, cinq facultés des sciences, trois facultés des
lettres ont été établies. Le traitement des professeurs des Lycées
et des facultés a été augmenté.

de la nation en cherchant à pratiquer et à faire pratiquer cette devise, sublime lorsqu'elle est honnêtement comprise et que tant de gouvernements se contentent de faire inscrire sur les monuments publics sans jamais songer à l'appliquer : LIBERTÉ, ÉGALITÉ, FRATERNITÉ.

La liberté, telle que la comprenait l'Empereur, n'est pas cette prétendue liberté qui n'est que l'anarchie dans la rue, l'impuissance dans le pouvoir, qui n'est que licence pour les uns, oppression pour les autres, qui effraie tous les intérêts et tarit la source de toute prospérité. Mais il étendait la liberté individuelle lorsqu'il diminuait la durée de la détention préventive en simplifiant la procédure et l'organisation judiciaire, en établissant la juridiction des flagrants délits. Il développait la liberté des cultes et la liberté de l'enseignement. Il établissait la liberté d'aller et de venir en supprimant les passe-ports. Il proclamait la liberté commerciale qui a si puissamment contribué à enrichir les départements du Midi. Et, chose remarquable, certains départements qui ont de 1860 à 1870 si violemment attaqué les traités de commerce, prétendant que ces traités les ruinaient, viennent de se signaler tout particulièrement dans l'ardeur avec laquelle ils ont combattu le projet de MM. Thiers et Pouyer-Quertier, tendant à imposer les matières premières. Il favorisait la création des chambres syndicales d'ouvriers pour qu'elles pussent s'occuper des questions si multiples qui intéressent les classes laborieuses. Il augmentait la liberté accordée aux sociétés anonymes en les affranchissant de la tutelle du gouvernement. Par la loi sur les coalitions il garantissait la liberté du travail.

L'égalité proclamée dans nos Codes n'existait cependant pas complète. En vertu de l'article 1781, la parole de l'ouvrier, du domestique était trop facilement infirmée devant la justice par les déclarations du patron ou du maitre. L'Empereur obtint l'abrogation de cet article, proclamant ainsi l'admission de tous, maitres et serviteurs, au même titre devant les tribunaux.

Il consacra le principe du suffrage universel, c'est-à-dire l'égalité politique la plus absolue, puisque le gouvernement émanait ainsi de la volonté directe et spontanée de tous les citoyens sans exception, depuis le plus riche jusqu'au plus pauvre. Napoléon III voulut en outre établir l'ÉGALITÉ DEVANT L'IMPOT DU SANG, car nul n'ignore aujourd'hui qu'au lendemain de Sadowa il proposa de décréter le SERVICE OBLI-GATOIRE. Mais il fut forcé de reculer devant les dispositions du pays hostile à ce projet de loi, devant surtout l'opposition de tous ceux qui devaient quelques années plus tard, en présence de l'ennemi, faire une révolution qui a coûté à la France deux provinces et cinq milliards (1).

______

(1) Obligé de renoncer au service obligatoire, l'Empereur, d'accord avec le maréchal Niel, voulant au moins réorganiser un peu plus fortement l'armée, proposa la loi de 1868, qui, si elle avait pu être complètement appliquée, devait fournir un effectif de 600,000 hommes d'armée active, de 345,000 hommes de garde nationale mobile. On se rappelle combien cette loi, tout adoucie qu'elle fût, fut vivement attaquée par l'opposition comme trop draconienne, comme tendant à supprimer les bons numéros, et

Je ne sais plus qui a dit un jour en parlant de l'Empereur : Il est le premier *socialiste* de son pays. Le mot est vrai si l'on entend par là que *jamais souverain ne s'est plus que lui et avec autant de sollicitude occupé du bien-être moral et matériel des classes souffrantes.*

Je trouve dans une remarquable brochure publiée en 1869, chez l'éditeur Dentu, sous le titre : *Lettre à un Electeur,* l'appréciation suivante de certaines réformes accomplies par l'Empire :

« L'abolition de la mort civile et la contrainte par corps, odieux vestiges des législations barbares que personne jusque-là n'avait osé effacer, suffirait à marquer d'honneur toute une époque. La loi pénale adoucie, la criminalité abaissée, la misère réduite, les répressions de la discipline militaire, autrefois si draconiennes, singulièrement mitigées dans une savante et libérale codification, les condamnations capitales diminuées, l'exécution des autres peines infamantes humanisée sans danger pour la société, par des lois qui permettent aux condamnés l'accès à la propriété et à la famille, la fermeture des bagnes, l'amélioration du régime des

---

à augmenter trop lourdement les charges de l'impôt du sang. MM. JULES FAVRE, PICARD, FERRY, etc., se plaignaient qu'on voulût militariser le pays, qu'on voulût « faire de la France une vaste caserne au lieu d'en faire un atelier. » M. THIERS, de son côté, trouvait que la loi de 1832 suffisait largement et qu'il était inutile d'augmenter nos forces. Ils ont ainsi empêché cette indispensable réforme de produire son effet et aujourd'hui, instruits par les événements, nous ne reconnaissons malheureusement que trop qui, d'eux ou de l'Empereur, avait raison. Une loi, en effet, va être incessamment discutée par l'Assemblée, tendant à établir le système du service obligatoire que l'Empereur essaya vainement d'implanter en France dès 1866.

prisons, les transactions et la libération par le travail admises pour les peines encourues en matière forestière, la réhabilitation rendue plus facile et étendue à des catégories de condamnés antérieurement exclus, la révision des procès criminels et correctionnels poursuivant la réparation par delà le tombeau, telle est l'œuvre d'édilité morale, d'assainissement des mœurs publiques, de régénération qui a été accomplie en quelques années et que j'aime à placer sous l'invocation de ce mot magique de fraternité, parce que la fraternité est, avant tout, le rehaussement de la dignité humaine. »

Mais là où apparaît surtout l'initiative de l'Empereur avec une persévérance qui ne s'est jamais démentie, c'est dans les secours et dans la protection qu'il n'a cessé d'accorder aux établissements de bienfaisance, aux sociétés de secours mutuels.

C'est à lui que l'on doit la création des asiles de Vincennes et du Vésinet, les améliorations apportées aux établissements généraux de bienfaisance, dont le budget qui, en 1851, n'était que de 1,272,070, avait été porté à 2,652,269 francs, l'impulsion donnée partout dans les départements aux œuvres d'assistance publique. C'est sous son patronage et sous celui de l'Impératrice que furent fondés l'Orphelinat impérial de Versailles, la maison Eugénie-Napoléon, destinée à l'éducation des jeunes filles pauvres, l'Hôpital Sainte-Eugénie, l'Orphelinat du Prince Impérial, la Société de sauvetage des naufragés, l'Asile de Longchêne, près Lyon, et celui de Lamotte-Sanguin, dans le Loiret, la Société du Prince Impérial. Afin d'encourager la construction d'habitations ouvrières à bon marché, l'Empereur donnait 300,000 francs à la Société de Mulhouse, 100,000 francs à la Société des maisons ouvrières de Lille, à laquelle l'Etat, de son côté, donnait aussi 100,000 francs.

Sous l'Empire, les sociétés de secours mutuels, dont le nombre, en 1851, n'était que 2,237, et s'élevait, en 1867, à 5,829, comptaient 862,795 sociétaires, tandis qu'elles n'en comptaient autrefois que 275,670, et leur avoir s'était accru d'une somme de plus de 36 millions.

Chaque année, sur sa liste civile, l'Empereur prélevait plus de 5 MILLIONS qu'il employait *en dons aux églises, aux communes, aux associations charitables, aux débris des héroïques armées de la République et du premier Empire, aux sociétés coopératives.* Il donnait chaque année une somme de 750,000 francs pour porter à 600 francs la pension des sous-officiers et soldats amputés à la suite de blessures reçues devant l'ennemi ; une somme de 950,000 francs pour l'entretien des grands établissements agricoles, et de fermes-modèles établis en Sologne, en Champagne, dans le Limousin et dans les Landes.

Jamais la cassette impériale n'est restée fermée devant une infortune, et rien n'égalait la générosité de l'Empereur, si ce n'est sa délicatesse dans la manière de faire le bien. Il ne se contentait pas de donner un secours matériel. IL PAYAIT AUSSI DE SA PERSONNE. Lors des inondations du Rhône, on l'a vu sur une barque porter secours aux inondés. Qu'une épidémie se déclare, il ira dans les hôpitaux, aux chevets des malades, sans crainte du danger, encourager par sa présence, consoler par sa parole. Et l'Impératrice l'accompagnait dans ses bienfaisantes visites et les pauvres cholériques d'Amiens et de Paris l'avaient surnommée LA BONNE SOEUR DE CHARITÉ.

Voilà l'œuvre de l'Empire et tels sont les souvenirs que font renaître dans l'esprit de tout homme impartial les attaques injustes qu'il est de mode de diriger aujourd'hui contre un régime qui, pendant dix-huit ans, a donné à la France l'ordre, la prospérité, la grandeur, et pris de lui-même l'initiative de toutes les réformes démocratiques vraiment justes et utiles.

Les mêmes sentiments se manifestent aussi relativement aux causes de la dernière guerre et aux évènements qui ont améné le 4 Septembre. Pendant six mois on a cru à tous les mensonges officiellement répandus par ces hommes ambitieux et méprisables, qui n'ont vu dans les désastres de la Patrie qu'une occasion d'escalader le pouvoir. Ils disaient que Napoléon III avait follement livré à la Prusse la France désarmée, et on les croyait. Mais depuis chacun a relu dans les journaux de l'époque les discussions du Corps législatif. On a vu alors que l'Empereur a constamment voulu une réorganisation sérieuse de l'armée de façon à ce qu'elle fût prête à entrer en campagne si les circonstances l'exigeaient (1) et l'on a précisément reconnu, au grand

____

(1) Voir à ce sujet l'excellent ouvrage de M. FERNAND GIRAU-

étonnement de tout le monde, que c'étaient les membres de l'opposition, les Picard, les Jules Favre, et tutti quanti, et M. Thiers lui-même (1) qui avaient entravé la réforme et paralysé les bonnes intentions de l'Empereur.

Pendant six mois sous le coup d'une invasion barbare, dans sa patriotique douleur, la France a cru à tous les récits que l'on faisait de la journée de Sedan, elle a cru aux proclamations dans lesquelles on lui disait que l'armée ne s'était pas battue et que l'Empereur s'était lâchement rendu avec 80,000 hommes, tandis qu'il pouvait percer les lignes prussiennes et sauver au moins ainsi les débris de son armée. Depuis, la vérité s'est fait jour. Les soldats revenant d'Allemagne et qui s'étaient battus à Sedan ont raconté à leurs parents, à leurs amis, cette journée terrible, la lutte héroïque soutenue par l'armée française pendant douze heures et dans laquelle

---

DEAU intitulé : LA VÉRITÉ SUR LA CAMPAGNE DE 1870 et la brochure de M. ADAM LUX intitulée : PROCÈS HISTORIQUE DES AUTEURS DE LA GUERRE. Ces deux publications ont paru à la librairie Amyot. On y trouvera un grand nombre d'extraits de discours prononcés au Corps législatif par les membres du gouvernement et de l'opposition. On y trouvera un grand nombre de citations d'articles de journaux de toutes les nuances.

(1) Lors de la discussion de la loi sur la réorganisation de l'armée, M. THIERS combattait la loi et prétendait que les forces militaires de la France suffisaient et n'avaient pas besoin d'être augmentées. M. ROUHER pour obtenir les augmentations sollicitées indiquait aux députés les différents Etats d'Europe qui, comme la Prusse, pouvaient mettre sur pied plus d'un million d'hommes, et M. THIERS répondait : « Ces chiffres-là sont parfaitement chimériques..... La Prusse, selon M. le ministre d'Etat, nous présenterait 1,800,000 hommes. Mais je le demande où a-t-on vu ces forces formidables..... C'est que, messieurs, il ne faut pas se fier à cette fantasmagorie de chiffres..... ce sont là des fables qui n'ont jamais eu aucune espèce de réalité. »

on compte vingt généraux tués ou blessés, 2,000 officiers et 15,000 soldats, la trouée désespérée tentée par le général de Wimpffen qui ne put conduire les deux mille hommes qu'il était parvenu à rallier au milieu de cette déroute sanglante que jusqu'à deux cents mètres, forcé qu'il fut de revenir sur ses pas (1) ; enfin, l'IMPOS-SIBILITÉ ABSOLUE OU L'ON SE TROUVAIT DE CON-TINUER LE COMBAT (2).

On sait maintenant à n'en plus douter que l'Empereur à Sedan N'EXERÇAIT AUCUN COMMANDEMENT. (*Le maréchal Mac-Mahon l'a solennellement affirmé devant la commission d'enquête*) et s'il est resté au milieu de ses troupes alors que la veille au soir on lui conseillait de se retirer sur Mézières où il eût été en sûreté, c'est qu'il voulait, ainsi qu'il l'a dit lui-même, partager jusqu'au bout le sort de ses soldats (3).

Quant au courage de l'Empereur, quant à son attitude sur le champ de bataille, des témoignages nombreux

---

(1) Voir la lettre du GÉNÉRAL LEBRUN en date du 20 octobre 1870. « Ce que je pense, dit-il, de la proposition faite par le général de Wimpffen dans le moment que j'ai indiqué, c'est qu'il n'était pas possible d'y voir autre chose qu'UN DERNIER APPEL DÉSESPÉRÉ ET IRRÉFLÉCHI ADRESSÉ A UNE POIGNÉE DE SOLDATS IMPUISSANTS A Y RÉPONDRE. »

(2) Dans un rapport adressé au ministre de la guerre, le général DE WIMPFFEN dit : « Après un examen sérieux de la situation de l'armée et de la place, IL FUT RECONNU A L'UNANIMITÉ QU'IL Y AVAIT IMPOSSIBILITÉ ABSOLUE DE SE DÉFENDRE, et que par suite nous étions dans l'obligation d'accepter les conditions qui nous étaient imposées. »

(3) Voir aussi l'ouvrage du GÉNÉRAL DUCROT, intitulé : LA JOURNÉE DE SEDAN, pages 27 et 49.

et non suspects sont venus prouver qu'il s'y était comporté avec cette intrépidité froide et résolue, parfois même téméraire dont il avait fait preuve dans la campagne d'Italie, et lorsqu'il a dit QU'IL N'AVAIT PU MOURIR A LA TÊTE DE SES TROUPES, il a dit la vérité (1).

On sait aujourd'hui ce qu'il faut penser de ce fameux dessin où on le représente mollement étendu dans une

---

(1) Nous nous contenterons de reproduire ici quelques-unes de ces attestations :

Le JOURNAL DE GENÈVE dit : « M. Russell (le correspondant du journal anglais THE TIMES) raconte que l'Empereur a fait preuve d'un grand courage dans la journée de Sedan, QU'IL A EN VAIN CHERCHÉ LA MORT. »

Le même journal publie la lettre d'un officier supérieur français blessé à Sedan, dans laquelle il est dit : « Je n'aime guères l'Empereur, mais j'aime encore moins la calomnie.:... Il s'est bien montré et S'IL N'A PAS ÉTÉ TUÉ CE N'EST PAS L'ENVIE QUI LUI EN A MANQUÉ. »

Le TEMPS, journal de Paris, qui ne saurait être suspect, dit dans une de ses correspondances : « L'Empereur a voulu mourir. Le fait est maintenant avéré. Le mort a passé près de lui comme près de Ney, aux Quatre Bras. »

Le COMTE DE LA CHAPELLE, correspondant du journal anglais LE STANDARD, raconte dans son livre intitulé ; LA GUERRE DE 1870 :

« Après s'être porté au village de Balan, avoir gravi les coteaux de la Moncelle et traversé le ravin de Givonne au milieu d'une explosion continuelle de projectiles, IL SE MIT A LA TÊTE D'UNE COLONNE D'ATTAQUE. Napoléon III pendant plusieurs heures fut exposé aux plus grands dangers et en ma qualité de témoin oculaire, je puis garantir l'authenticité du fait. »

Le STAATSANZEIGER (journal officiel de Berlin) raconte que : « D'après des témoignages oculaires, l'Empereur Napoléon s'est exposé à un tel point que son intention de se faire tuer était évidente.

M. ALBERT DELPIT, qui est pourtant un républicain bien décidé, dit dans l'ouvrage qu'il vient de publier à la librairie Lachaud, sous ce titre : LES PRÉTENDANTS : « Il est établi maintenant que Napoléon III S'EST BATTU TOUTE LA JOURNÉE et a vainement cherché la mort qui n'a pas voulu de lui. »

voiture dont les chevaux foulent aux pieds les cadavres des soldats, et maintenant ce n'est plus dans une calèche que l'on se figure Napoléon III à Sedan. On le voit tel qu'il a été, à cheval, parcourant le champ de bataille sillonné par les obus qui pleuvaient autour de lui, on le voit, ainsi que l'a dépeint le général Pajol « sous les feux de l'ennemi, arrivant au milieu de cette belle division d'infanterie de marine commandée par le général de Vassoigne » on le voit « se dirigeant sur un point culminant où étaient les batteries du commandant Saint-Aulaire et y demeurant pendant près d'une heure au milieu d'une grêle de projectiles ennemis (1) » on le voit enfin sur le pont de Sedan au milieu des caissons renversés, des soldats en déroute, des habitants affolés, des cadavres amoncelés, calme et impassible au moment où un obus vient éclater sous les pieds de son cheval et renverser par la force de l'explosion deux officiers de son escorte. « *Il est extraordinaire, a dit le général Pajol, qui était présent*, QU'IL N'AIT PAS ÉTÉ TUÉ LA. »

Voilà ce que l'on pense aujourd'hui en dépit des récits mensongers et calomnieux. C'est ainsi, mon cher ami, que peu à peu la lumière se fait, que l'histoire véridique remplace la légende erronée et que l'opinion publique attribue à chacun la part de responsabilité qui lui revient.

---

(1) Voir la lettre du GÉNÉRAL PAJOL sur la bataille et la capitulation de Sedan insérée dans le journal LE MONITEUR UNIVERSEL du 22 juillet 1871.

Je me suis laissé entraîner à vous écrire bien longuement, mais que voulez-vous ? Ces souvenirs du passé font du bien ; ils consolent un peu des tristesses du présent, des incertitudes de l'avenir ; ils rappellent une période pleine de calme et de prospérité pendant laquelle l'ordre régnait, les affaires se faisaient avec confiance, la richesse publique se développait, le bien-être de chaque famille augmentait en même temps que se généralisait l'instruction et que s'élevait le niveau moral du pays tout entier (1).

Nous venons, mon cher ami, de traverser des moments douloureux et terribles bien faits pour jeter le trouble et propager l'erreur dans les esprits. Mais laissons le temps achever son œuvre réparatrice déjà commencée. Tôt ou tard la vérité outragée reprend intégralement l'exercice de ses droits. Tôt ou tard les principes méconnus s'affirment avec plus de force et s'imposent avec plus d'autorité.

---

(1) On a constaté en effet une diminution sensible dans le nombre des affaires criminelles et des inculpés. Cette diminution est de 32 et 39 0/0. Le chiffre des condamnations à mort a baissé de 137 à 43. Enfin, si nous prenons la période de 1830 à 1851 et celle de 1831 à 1866 par exemple, nous trouvons pour la première 1 accusé par 5,913 habitants et pour la seconde 1 accusé par 8,719 habitants.

Ces quelques chiffres suffisent à démontrer que, quoi qu'on en dise, les mœurs publiques se sont améliorées sous l'Empire.

www.ingramcontent.com/pod-product-compliance
Lightning Source LLC
Chambersburg PA
CBHW061627050726
47595CB00007B/3080